1. Auflage 1976

Redaktion: Gisela Stottele
Layout: A. Luis Ströbl
Umschlagbild:
„Bauernhaus im Schnee“
von Maria de Posz, Salzburg

Printed in Italy 1976

ISBN 3-473-33530-4

Das Bilderbuch für die Weihnachtszeit

Bilder · Geschichten · Legenden · Gedichte

Gesammelt von Sybil Gräfin Schönfeldt

Otto Maier Verlag Ravensburg

Der Bär im Busch

Das Wetter war tagelang schlecht gewesen.
Aber heute mittag hat die Sonne geschienen.
„Ja ja", sagt die Mutter, „lauft hinaus!
Wer weiß, vielleicht fängt es
nachher an zu schneien!"

Die drei Kinder ziehen sich ganz warm an.
Peter nimmt den weißen dicken Pull.
Anna hat warme rote Strumpfhosen an.
Pummel setzt sich die Ringelmütze auf.
Sie rennen die Straße entlang.
Sie springen über den Bach.
Sie essen ein Stück Honigkuchen und
streuen die Krümel den Vögeln hin.

Da ruft Pummel: „Guck mal da oben!“
Was hängt da im Gebüsch? Ein Schuh?
Ein Strumpf? „Was ist das?“
„Nimm einen Stock!“ sagt Peter.
„Aber Vorsicht! Paß auf!“
Da fällt ein Bär aus dem Busch,
ein brauner Plüschbär. Er ist etwas
feucht und ganz voller Laub.

Man muß ihn sicher sauberbürsten
und abklopfen und flicken,
aber es ist ein schöner, lieber Bär.
Pummel hebt den Bär auf und
nimmt ihn ganz fest und warm in die Arme.
Da kommen die beiden anderen näher.
Es hat angefangen zu schneien, und
sie können nicht genau erkennen,
was Pummel in den Armen hält.
„Was ist das? Was hast du da? Oh, ein Bär!
Ein Bär aus dem Busch! Ein Winterbär!"

Die vier rennen nach Hause —
drei Kinder und ein Bär — und rufen:

„Mutter, Mutter! Wir haben einen Bär
im Busch gefunden! Er hat nichts an!
Er friert! Er muß sofort
etwas zum Anziehen bekommen!“
Pummel wischt den Bär mit einem Tuch
sauber und reibt ihn trocken.

Anne und Peter suchen in der Kommode
zwischen den alten Puppensachen,
ob sie nicht etwas für den Bär finden.
Sie legen ein weiches braunes Kissen
auf den Sessel, und die Mutter
stopft dem Bären sein zerrissenes Ohr.

Da sitzt er nun gemütlich und im Warmen,
der braune, freundliche Bär aus dem Busch.

Das ist der Winter:
Nebel am Tag
Reif in der Nacht
Eis und Schnee
und am Ende Regen.

Der Wurzelmann

Mein Freund, der kleine Wurzelmann,
was der für tolle Sachen kann!
Auf Tannenspitzen kann er stehn,
auf einem Spinnenfaden gehn.
Und hat kein bißchen Angst dabei,
denn er ist völlig schwindelfrei.

Dann reitet er im schnellsten Saus
dahin auf einer Haselmaus
und flitzt mit ihr durch Wald und Busch —
Husch!

Er balanciert auch oft zum Spaß
vier Tannenzapfen auf der Nas,
spielt Ball mit sieben Haselnüssen,
das ist nicht einfach, müßt ihr wissen.

Dann wieder steht der kleine Tropf
auf einem großen Pilze kopf.

Oft nimmt ihn auch ein Vogel mit
zu einem Luft- und Wolkenritt
hinauf in blaue Himmelshöhn,
so hoch — man kann ihn kaum mehr sehn.

Doch dauert ihm der Flug zu lang,
da ist der Wurzelmann nicht bang.
Mit seinem Fallschirm springt er los
und landet heil im weichen Moos.
Plumps!

Nikolaus und Nikolaus

Cornelia hat in der Schule erzählt: „Zu mir kommt der Nikolaus immer nur nachts, wenn ich schlafe. Dann tut er mir leckere Sachen in meine Schuhe, aber gesehen habe ich ihn noch nie."
Doch dann stapft am Nikolausabend etwas über den Vorplatz. Man hört, daß da jemand mit riesigen Stiefeln kommt, und er schnauft und hustet schrecklich. Dann schellt es und schellt, und jemand ruft mit tiefer Stimme: „Cornelia! Cornelia! Komm her, der Nikolaus ist da!"
Cornelia will zuerst gar nicht zur Tür gehen, aber die Mutter lacht und schiebt sie vor sich her, und der Vater sagt: „Ich bleibe ja in der Nähe!" Cornelia macht die Tür auf, und da steht ein Nikolaus, kaum größer als sie selbst!

Er trägt einen braunen Pelzmantel, der geht ihm bis auf die großen Gummistiefel. Eine rote Zipfelmütze hat er sich tief in die Stirn gezogen, und natürlich hat er auch einen Sack auf dem Rücken und am Kinn einen Bart.
„Ich bin der Nikolaus!" sagt er. „Du bist ja immer ein liebes Kind gewesen, Cornelia. Willst du auch immer so lieb bleiben? Dann sehe ich mal nach, was ich für dich in meinem Sack habe."

Ehe Cornelia antworten kann, hört man schon wieder etwas stapfen und brummen und prusten — und da kommt noch ein Nikolaus, ein langer, dünner. Der trägt einen feuerroten Mantel und eine hohe Bischofsmütze, und auf seiner Nase sitzt eine große Brille. Einen Bart hat er natürlich auch.

„Nanu!“ sagt er, wie er den Pelzmantel-Nikolaus sieht. „Was willst du denn hier?“ ruft der Kleine. „Ich bin doch der Nikolaus!“ „Hm“, macht der Große und rückt seine Brille zurecht und streicht sich den Bart. „Du bist wohl Cornelias Nikolaus vom vorigen Jahr? Natürlich, mit so kurzen Beinen in so schweren Stiefeln! Da braucht man viel Zeit, um hierherzukommen.“ „Wenn du frech werden willst, kriegst du etwas mit der Rute!“ sagt der Kleine. Der Große schüttelt den Kopf und sagt: „Wir dürfen uns doch nicht streiten! Was soll denn Cornelia von uns denken? Sie fängt nie Streit an. Wir brauchen sie gar nicht zu fragen, ob sie brav gewesen ist. Komm, wir wollen lieber unsere Säcke ausleeren!“

Und der kleine und der große Nikolaus schnüren ihre Säcke auf, und durcheinander und übereinander rollen Äpfel und Nüsse und Süßigkeiten auf den Boden, und sechs bunte Farbtuben sind auch dabei! Cornelia bückt sich — und schon sind die beiden Nikolause fort, ganz leise.

„Ich weiß nicht . . .", sagt Cornelia. „Den Pelzmantel von dem kleinen Nikolaus, den kenn ich doch! Und solche Gummistiefel gibt es nur bei Martin in der Gärtnerei. Und der Mantel von dem großen Nikolaus sah aus wie der Mantel von Evchens großer Schwester. Versteht ihr das?"

Nikolaus, du heiliger Mann,
zieh den schönsten Mantel an,
fahr mit uns nach Rotterdam,

von Rotterdam nach Westen,
kauf Äpfel von den besten,
Birnen von dem Birnenbaum
und ein Säckchen Pflaumen.

Petunias Weihnachtsfest

Über Nacht war Neuschnee gefallen.
Petunia hatte den Schnee gern,
und sie watschelte den Hügel herunter,
durch den Wald und das Tal, und auf
dem gefrorenen Fluß drehte sie sich
vergnügt auf dem Po.

Als sie zum Windhof auf der anderen Seite des Flusses kam, hörte sie jemanden rufen:
„Hallo, he! Pssst! Hallo!“
Wer konnte das sein? Sie war neugierig und rannte schnell näher, um nachzusehen. In einem kleinen Drahtgehege fand sie einen großen Gänserich, der sagte:
„Guten Tag, mein Name ist Fritz. Du bist hübsch. Wer bist du?“
„Ich bin Petunia“, antwortete Petunia. „Du siehst aber auch gut aus.“
„Ich bin zu fett“, seufzte Fritz, „ich werde für Weihnachten gemästet. Du nicht?“ „Lieblingstiere werden nicht gemästet“, sagte Petunia, „und ich bin das Lieblingstier von meinem Bauern. Komm doch mit, dann wirst du auch eins. Herr Kürbiskopf, mein Bauer, ist ein netter Mann.“
„O wie gerne würde ich das tun!“ rief Fritz. „Aber ich bin gefangen! Ich bin zu schwer, um über den Zaun zu fliegen, und die Tür ist versperrt. Die Bäuerin macht sie auf, wenn sie mir das Futter bringt, aber sie schließt immer hinter sich ab. O Petunia, wenn du mich doch befreien könntest!“
„Das werde ich machen“, versprach Petunia, „Weihnachten ist ja erst in drei Wochen. Bis dahin wird mir was eingefallen sein.“
Petunia verlor zuhause keine Zeit.

Sie holte sich Farben aus dem Geräte-
schuppen und bemalte sich, daß sie
aussah wie ein Ungeheuer aus dem Märchen.

So watschelte sie zum Windhof zurück und wartete hinter der Scheune, bis die Bäuerin mit Futter für Fritz kam. Da schoß Petunia hinter der Scheune hervor und kreischte: „Gak! Gak! Gak! Gak!" „Hilfe!" schrie die Bäuerin, „ein Drache!" Sie floh ins Haus, die Tür blieb offen. Fritz war frei und ging mit Petunia über den Hügel davon. Der Bauer hatte aber seine Frau schreien hören. Er nahm sein Gewehr und fand die Spuren im Schnee. Er folgte ihnen bis zum Hof von Herrn Kürbiskopf.
„Hallo Nachbar", sagte Herr Kürbiskopf, was wollt ihr denn mit dem großen Gewehr auf meinem Hof?"
„Hier ist ein fliegender Drache, der hat meinen besten Gänserich gestohlen!" sagte der Jäger, „seht, die Spuren führen in eure Scheune!"
Da kam Petunia mit lautem Gekreisch aus der Scheune gestürzt.
„Nicht schießen!" rief Herr Kürbiskopf, „das ist ja Petunia!"

„Wer ist Petunia?“ fragte der Jäger. „Meine Lieblingsgans! Aber ich bin selber vor ihr erschrocken!“ Während er Petunias Kriegsbemalung bewunderte, ging der Jäger in die Scheune und fand Fritz im Stroh. „Du wirst mir nicht wieder ausreißen!“ sagte er, als er Fritz abführte, „eine 20-Pfund-Gans, das Pfund zu 1,50, das ist mehr als ich verlieren kann.“

Arme Petunia! Wie sie weinte! Sie liebte den Fritz ja so. Dann beschloß sie, das Geld für Fritz zu verdienen.
Sie ging in den Wald, schnitt einen Armvoll Kiefernzweige und brachte sie in die Scheune. Sie flocht schöne Kränze mit roten Schleifen und watschelte damit in die Stadt.
Alle Leute wollten ihre Kränze haben. Petunia konnte bald mit einer Büchse voll Geld nach Hause gehn.

Aber war es nicht schon zu spät?
Petunia flog beinahe zum Windhof, den vollen Geldbeutel im Schnabel. O Freude! Fritz war noch in seinem Stall! Der Bauer und seine Frau machten große Augen, als Petunia das Geld für Fritzens Freiheit hervorzog, aber sie wollten das Geld nicht annehmen. „Fritz ist frei!" sagte der Bauer, „feiert mit dem Geld ein fröhliches Weihnachtsfest!"

Petunia und Fritz bedankten sich bei dem guten Bauern und seiner Frau und gingen gemeinsam über den Hügel davon. Sie hielten Weihnachten Hochzeit, und wenn sie nicht gestorben sind, so leben sie noch heute.

Die Geschichte vom großen Baum

Der Tannenbaum

Wenn man Glück hatte und stark war, konnte man früher in Williamsburg umsonst zu einem Tannenbaum kommen. Und das ging so: man brauchte am Heiligen Abend nur zu warten, bis die Christbaumverkäufer ihre Buden abbauten. Dann warfen sie einem die noch nicht verkauften Christbäume im wahrsten Sinne des Wortes nach. Die Kinder versammelten sich meist schon rechtzeitig zwischen den Buden und warteten darauf, daß es losging.
Die Verkäufer fingen immer mit den größten Bäumen an, und die Kinder, die einen Baum haben wollten, mußten versuchen, ob sie ihn fangen konnten. Wenn sie unter dem Aufprall nicht zu Boden stürzten, so durften sie den Baum behalten. Kippten sie um, so hatten sie das Spiel verloren.
Nur die stärksten Jungen wagten es, sich die großen Bäume in die Arme werfen zu lassen. Die andern warteten, bis ein Baum an die Reihe kam, dessen Gewicht sie auszuhalten hofften. Die kleinsten Kinder warteten auf die ganz kleinen, fußhohen Bäumchen und jauchzten vor Entzücken, wenn es ihnen gelang, so ein Bäumchen zu gewinnen.
Als Francie zehn Jahre alt geworden war und ihr kleiner Bruder Neeley neun, da erlaubte ihnen die Mutter zum erstenmal, ihr Glück mit einem Christbaum zu versuchen. Francie hatte sich ihren Baum schon im Laufe des Tages ausgesucht. Sie hatte die ganze Zeit neben ihm gestanden und insgeheim gebetet, daß er nicht noch im letzten Moment verkauft würde.
Es war ein Riesenbaum, der größte von allen, und er war so teuer, daß ihn niemand kaufen konnte. Seine Zweige waren mit einer schönen neuen Schnur zusammengebunden, und er hatte eine gerade, schöne Spitze.
Dieser Baum kam als erster an die Reihe. Aber noch bevor sich Francie melden konnte, hatte sich Punky Perkins vorgedrängelt. Das war der ärgste Raufbold der ganzen Gegend, und er war schon achtzehn Jahre. Aber dem Christbaumverkäufer gefiel es nicht, wie Punky die anderen Kinder beiseite gestoßen hatte, und er schaute sich noch einmal um und fragte: „Ist sonst noch jemand da, der es versuchen will?“
Da gab sich Francie einen Ruck und rief: „Ja, ich, Mister!“
Der Mann schaute sie an und lachte. Die anderen Kinder kicherten, und die Erwachsenen, die jedes Jahr zum Zuschauen kamen, machten große Augen.
„Was denkst du dir denn“, sagte der Verkäufer, „du bist doch viel zu klein!“
„Aber ich und mein Bruder zusammen, wir sind nicht zu klein!“ erwiderte Francie und packte Neeley am Arm.

Der Mann runzelte die Stirn. Da standen die beiden, ein schmächtiges zehnjähriges Mädchen, das sich noch nie hatte satt-essen können, und ein kleiner blonder Junge mit kugelrunden blauen Augen.
„Zwei gildet nicht!“ kläffte Punky.
Da rief der Mann: „Halt deinen lausigen Schnabel! Die beiden haben Mut! Weg mit euch allen! Diese beiden Kinder sollen ihr Glück einmal probieren!“
Die Zuschauer wichen zurück und bildeten eine Gasse, an deren Ende die beiden Kinder standen. Es wurde ganz still.
Der Mann wiegt den großen Baum schon in den Armen, da mußte er plötzlich denken: Warum schenke in den beiden armen Dingern nicht einfach den Baum und wünsche ihnen dazu noch frohe Weihnachten? Die beiden sind so klein und so schwach, und ich kann den Baum sowieso nicht mehr verkaufen.
Die Kinder schauten ihn ernst und feierlich an, wie er so dastand und sich Gedanken machte, und er dachte weiter: Nein, das geht nicht. Sonst werden die anderen auch erwarten, daß ich ihnen die Bäume schenke, und im nächsten Jahr wird mir dann kein Mensch mehr einen Baum abkaufen. Sie würden alle warten, bis ich ihnen zum Schluß meine Bäume schenke. Ich bin nicht so reich, daß ich allen Leuten Weihnachts-bäume schenken könnte. Ich kann mir das

nicht leisten. Ich muß an mich und an meine eigenen Kinder denken. Und zum Teufel, die beiden da drüben müssen auch lernen, wie hart das Leben ist. Sie müssen lernen, Schmerz zu ertragen und Schmerzen zuzufügen.
Er holte noch einmal aus und warf den Baum mit aller Macht den beiden Kindern zu, und er verfluchte dabei das ganze Elend dieser Welt.
Francie sah den Baum durch die Luft sausen. Einen Augenblick lang stand die Zeit still. Es gab nur den Baum, den ungeheuren Baum, der mit rauschenden Zweigen auf sie zuflog, und die Angst vor diesem mächtigen Baum löschte alles andere aus. Francie schwankte unter seinem Anprall und Neeley verlor das Gleichgewicht, aber Francie riß ihn wieder hoch, ehe er den Boden berührt hatte. Jetzt war der Baum über ihnen, und vor ihren Augen war alles grün, dunkel und stachelig. Francie tat die Stirn weh, dort mußte sie der Stamm getroffen haben, und sie spürte, wie Neeley zitterte.
Als ein paar größere Jungen den Baum hochhoben, fanden sie Francie und Neeley aufrecht Hand in Hand dastehen. Neeley lief das Blut über das zerkratzte Gesicht, und mit seinen entsetzten blauen Augen und mit dem schreckensblassen Gesicht sah er noch jünger und kleiner aus als sonst. Aber beide lächelten. Hatten sie nicht den größten Weihnachtsbaum der ganzen Gegend gewonnen?

Ein paar Jungen schrien: „Hurra!" und die Erwachsenen klatschten Beifall. Der Christbaumverkäufer grinste ihnen zu und rief: „Nun macht, daß ihr nach Hause kommt, ihr lausigen Halunken!", und Francie wußte genau, daß das in Wirklichkeit hieß: „Gott segne euch — fröhliche Weihnachten!"
Es war nicht leicht, den Baum nach Hause zu tragen. Zuerst wurden sie von einem Jungen verfolgt, der immer auf den Baum sprang und dabei schrie: „Freie Fahrt! Einsteigen!" und sich mitschleppen ließ. Aber mit der Zeit wurde ihm das Spiel doch zu dumm, und er ließ sie in Ruhe.
Dann aber wurde es vergnüglich, denn alle Erwachsenen blieben stehen und bewunderten den großen Baum. Eine Dame sagte: „Ich habe noch nie in meinem Leben einen so schönen großen Baum gesehen!", und der Polizist an der Straßenecke hielt sie an und bot ihnen zuerst zehn Cents, dann fünfzehn dafür, daß sie den Baum bis vor sein Haus schleppten.
Francie platzte fast vor Stolz, wenn sie auch wußte, daß er nur Spaß machte. Sie sagte, sie würde den Baum nicht einmal für einen ganzen Dollar hergeben. Er schüttelte den Kopf und sagte, sie sei aber dumm, wenn sie so ein gutes Geschäft ausschlüge. Er steigerte sein Angebot bis zu einem Vierteldollar, aber Francie schüttelte immer wieder den Kopf und sagte lächelnd „Nein!". Da lachte er auch und winkte ihnen nach, so lange er sie noch sehen konnte.
Als Francie und Neeley zu Hause anlangten, mußten sie ihren Vater herunterrufen, damit er ihnen half, den Baum die schmale Treppe hinaufzuzerren. Der Vater tat so, als ob er es gar nicht glauben wollte, daß der Christbaum wirklich Francie und Neeley gehörte. Es machte Francie Spaß, ihn immer wieder davon zu überzeugen, obgleich sie genau wußte, daß das Ganze nur ein Spiel war. Der Vater zog vorn am Baum, während Francie und Neeley hinten schoben, und gemeinsam schafften sie den großen Baum durch das enge Treppenhaus. Francies großer Bruder war so begeistert, daß er zu singen anfing und sich nicht darum kümmerte, wie spät es schon war. Er sang „Stille Nacht, Heilige Nacht", und seine klare helle Stimme hallte im ganzen Stiegenhaus wider. Überall öffneten sich quietschende Türen, und die Familien kamen auf die Treppenabsätze gelaufen und schauten aufgeregt und glücklich zu, wie der Christbaum an ihnen vorüberwanderte, wie plötzlich in ihrem Leben so etwas Schönes und Merkwürdiges geschah.

Ich wünsche mir ein Schaukelpferd

Ich wünsche mir ein Schaukelpferd,
'ne Festung und Soldaten
Und eine Rüstung und ein Schwert,
Wie sie die Ritter hatten.

Drei Märchenbücher wünsch' ich mir
Und Farben auch zum Malen
Und Bilderbogen und Papier
Und Gold- und Silberschalen.

Ein Domino, ein Lottospiel,
Ein Kasperletheater,
Auch einen neuen Pinselstiel
Vergiß nicht, lieber Vater!

Ein Zelt und sechs Kanonen dann
Und einen neuen Wagen
Und ein Geschirr mit Schellen dran,
Beim Pferdespiel zu tragen.

Ein Perspektiv, ein Zootrop,
'ne magische Laterne,
Ein Brennglas, ein Kaleidoskop —
Dies alles hätt' ich gerne.

Mir fehlt — ihr wißt es sicherlich —
Gar sehr in neuer Schlitten.
Und auch um Schlittschuh' möchte ich
Noch ganz besonders bitten.

Um weiße Tiere auch von Holz
Und farbige von Pappe,
Um einen Helm mit Federn stolz
Und eine Flechtemappe.

Auch einen großen Tannenbaum,
Dran hundert Lichter glänzen,
Mit Marzipan und Zuckerschaum
Und Schokoladenkränzen.

Doch dünkt dies alles euch zu viel,
Und wollt ihr daraus wählen,
So könnte wohl der Pinselstiel
Und auch die Mappe fehlen.

Als Hänschen so gesprochen hat,
Sieht man die Eltern lachen:
„Was willst du, kleiner Nimmersatt,
Mit all den vielen Sachen?

Wer so viel wünscht", der Vater spricht's,
„Bekommt auch nicht ein Achtel —
Der kriegt ein ganz klein wenig Nichts
In einer Dreierschachtel."

Theate
NEUES BILDER
MÄRCHEN

Das Weihnachtsevangelium

Und im sechsten Monat ward der Engel Gabriel gesandt von Gott in eine Stadt in Galiläa, die heißt Nazareth, zu einer Jungfrau, die vertraut war einem Manne mit Namen Josef, vom Hause David; und die Jungfrau hieß Maria.

Und der Engel trat zu ihr und sprach: Gegrüßet seist du, Holdselige! Der Herr ist mit dir! Sie aber erschrak über seine Rede und dachte: Welch ein Gruß ist das? Und der Engel sprach zu ihr: Fürchte dich nicht, Maria! Du hast Gnade bei Gott gefunden. Siehe, du wirst schwanger werden und einen Sohn gebären, des Namen sollst du Jesus heißen. Der wird groß sein und ein Sohn des Höchsten genannt werden; und Gott der Herr wird ihm den Stuhl seines Vaters David geben; und er wird ein König sein über das Haus Jakob ewiglich, und seines Königsreichs wird kein Ende sein.

Es begab sich aber zu der Zeit, daß ein Gebot von dem Kaiser Augustus ausging, daß alle Welt geschätzt würde. Und diese Schätzung war die allererste und geschah zu der Zeit, da Cyrenius Landpfleger in Syrien war. Und jedermann ging, daß er sich schätzen ließe, ein jeglicher in seine Stadt.
Da machte sich auch auf, Joseph aus Galiläa, aus der Stadt Nazareth, in das jüdische Land zur Stadt Davids, die da heißt Bethlehem, darum daß er von dem Hause und Geschlechte Davids war, auf daß er sich schätzen ließe mit Maria, seinem vertrauten Weibe, die war schwanger.

Und als sie daselbst waren, kam die Zeit, daß sie gebären sollte.
Und sie gebar ihren ersten Sohn und wickelte ihn in Windeln und legte ihn in eine Krippe; denn sie hatten sonst keinen Raum in der Herberge.

Und es waren Hirten in
derselben Gegend auf dem
Felde bei den Hürden, die
hüteten des Nachts ihre
Herde. Und siehe, des
Herrn Engel trat zu ihnen,
und die Klarheit des Herrn
leuchtete um sie und sie
fürchteten sich sehr.
Und der Engel sprach
zu ihnen:
Fürchtet euch nicht! Siehe,
ich verkündige euch große
Freude, die allem Volke
widerfahren wird; denn
euch ist heute der Heiland
geboren worden, welcher
ist Christus, der Herr,
in der Stadt Davids. Und das
habt zum Zeichen: ihr
werdet finden das Kind in
Windeln gewickelt und in
einer Krippe liegen. Und
alsbald war da bei dem Engel
die Menge der himmlischen
Heerscharen, die lobten Gott
und sprachen: Ehre sei Gott
in der Höhe und Frieden
auf Erden und den Menschen
ein Wohlgefallen!

Und da die Engel von ihnen
gen Himmel fuhren,
sprachen die Hirten untereinander: Laßt uns nun gehen
gen Bethlehem und die
Geschichte sehen, die da
geschehen ist, die uns der
Herr kundgetan hat.
Und sie kamen eilend und
fanden beide, Maria und
Joseph, dazu das Kind in
der Krippe liegen. Da sie es
aber gesehen hatten,
breiteten sie das Wort aus,
welches zu ihnen von
diesem Kinde gesagt war.
Und alle, vor die es kam,
wunderten sich der Rede,
die ihnen die Hirten gesagt
hatten.
Maria aber behielt alle diese
Worte und bewegte sie in
ihrem Herzen. Und die
Hirten kehrten wieder um,
priesen und lobten Gott
um alles, was sie gehört und
gesehen hatten, wie denn
zu ihnen gesagt war.

Das große Geschenk

Bitte, Herr Hauptmann,
kannst du mir sagen,
was die vielen Fahnen bedeuten,
und diese Musik?

Wir spielen ein Wiegenlied
für IHN, Joanjo.

Für IHN?

Und dieses Boot, das gerade
vom Fischen heimgekehrt?
Ochsen müssen es auf den Strand ziehen,
so reich ist der Fang!
Ist das auch für IHN?

Warum gackert die Henne,
quiekt das rosa Schweinchen
und gurren die zwei Turteltäubchen
in ihrem Käfig?

Wohin fährt das festlich
geschmückte Gespann
mit dem großen Weinfaß?

Wem bringt
der Dudelsackpfeifer
ein Ständchen?
Und für wen ist die Kanne
voll heißer Schokolade
und das Lämmchen
zum Spielen?

Und noch mehr Fische
und Wolle
und Eier und Brot?
Alles für IHN?

Wie hungrig und durstig
ER sein muß,
und wie arm,
oder ist ER vielleicht ein Riese,
weil ER all dies
und noch mehr braucht?

Nun weiß ich, was ich IHM schenke,
einen Sonnenstrahl,
einen Mondschein,
ein Blinzeln vom Abendstern.
All das werde ich
in meinem Herzen bewahren,
und nur ER wird davon wissen.

Die Zottelschnur

Der große Schnee fällt leis und sacht,
aufs Dörflein nieder Tag und Nacht,
deckt Berg und Weiden weiß und schwer.
Man sieht kein Blatt, kein Hälmlein mehr.
Die Tierlein finden nichts zu fressen,
als hätt der Himmel sie vergessen;
gar manches friert trotz dickem Felle
und sucht nach einer trauten Stelle.
Doch wenn's gar lang, zu lange schneit
und kahl und kalt ist weit und breit,
dann kommt im grauen Tagesschein
des Wegs ein muntres Mägdelein.

Die Tiere wittern gutes Heu
und warten schnuppernd ohne Scheu.
Sie kennen ja Flurina schon,
und keines läuft dem Kind davon.
Der Ursli kann nicht mit ihr gehn,
er muß zum Vieh im Stalle sehn.
Da ist es immer mollig warm;
am Fenster schmilzt der Flockenschwarm.
Die Tiere alle sind geborgen
und keines leidet Futtersorgen.
Sie liegen auf dem trocknen Stroh
mit ihren Jungen und sind froh.

In seiner Ecke auf der Bank
putzt Ursli viele Glöckchen blank.
Bald ist die Kinderschlittenfahrt,
dafür wird keine Müh gespart,
die alten Schlitten bunt zu zieren,
sie neu zu streichen und polieren.
Nun ziehn zum Gaden beide heiter,
den Schlitten holen mit der Leiter.
Der Ursli sagt: „Ich mal ihn an
mit Farbe blau wie Enzian,
und du, Flurina, hoppla munter,
du springst ins nächste Dorf hinunter
zur Spinnerin, du mußt für morgen
uns Wollenzötteli besorgen."
Flurina klagt: „Der Weg ist weit,
es ist so kalt, schau, wie es schneit."
Der Ursli zürnt: „Wer wird schon frieren!
Wie soll ich sonst den Schlitten zieren?"
& Die Spinnerin ist grad am Fegen.
Flurina kommt ihr recht gelegen.
Die grüßt und frägt gleich artig an:
„Habt ihr aus altem Wollengarn
mir eine bunte Zottelschnur
für Urslis Schlittengarnitur?"

Die Alte läßt das Fegen sein
und sagt: „Ich mach dir eine fein
für viele Schlitten, meilenlang,
indessen putz nur hier den Gang."
Flurina freut sich, wie ihr seht,
doch muß sie eilen, 's ist schon spät.
Sie hüllt sich ein und stapft und geht.
Der Schneepfad ist schon fast verweht,
Flurina sieht nur seinen Saum,
doch ist sie bald beim Wetterbaum.
Sie geht zum Ästehaus geschwind . . .
Hui pfeift ein dunkler, schwarzer Wind
herab vom Hang, es dröhnt und kracht,
und plötzlich wird es um sie Nacht.
& Der Ursli denkt: was ist geschehn?
Flurina sollte längst hier stehn.
Er hört von fern den Sturmwind fegen,
drum geht er besser ihr entgegegen.
Die große Wächte löst sich oben,
man hört ein Sausen und ein Toben,
und eine dicke Wolke Schnee
rollt dumpf zu Tal, o weh, o weh!
Der Ursli frägt in größter Pein:
„Wo mag denn nur Flurina sein?"

Wo Stämme liegen, Äste recken,
entdeckt er da zu seinem Schrecken
Flurinas Schlittenfirlefanz,
den langen, bunten Zottelschwanz.
Schon faßt er ihn und sucht ihm nach,
da tönt Flurinas Stimmchen schwach.
Er scharrt und horcht und ruft und schreit:
„Flurina, du bist bald befreit!"
Hier greift er nach dem Schwesterlein
und ist so froh, ihr nah zu sein.
Noch zittern sie und schaun umher.
Der Wetterbaum? Er steht nicht mehr.

Aus der Lawine schaut ein Spieß
nur noch, und Äste ohne Kris.
Flurina seufzt: „Bald setzen wir
zum Dank ein neues Bäumchen hier."
Der Ursli nimmt in aller Hast
mit sich nach Haus den Wetterast.
Das Schwesterlein ist von dem Tag
so müde, daß es nicht mehr mag;
doch Ursli nimmt wie einen Sack
es auf den Rücken huckepack.
Bei dunkler Nacht ziehn sie daheim
ganz leis zur Hintertür hinein.

Sie machen ihre Arbeit stumm,
und ihr wißt sicherlich warum.
& Ein Neuschneeschleier fein und zart
umflimmert heut die Schlittenfahrt,
und von der weißen Bergesfluh
lacht blau der Himmel noch dazu.
Die Kinder kommen auf den Schlitten
in allerschönster Fahrt geritten,
und auf den Sitzen, reich verziert,
geht's um die Kurven, hört, wie's giert.
Es saust und poltert, alle lachen,
wenn Zweie Purzelbäume machen.

Flurina vorn, ihr kennt sie schon,
und Ursli macht den Postillon.
Ihr Schlitten ist der schönste fast,
denn vorne prangt der Wetterast.
Sie gaben auch viel Fransen her,
sonst wäre mancher Schlitten leer.
Die schöne Fahrt beenden alle
in Urslis und Flurinas Halle.
Da sitzt die frische Kinderschar
und tanzt und wärmt sich wunderbar.
Für jedes Kind gibt's ein Gedeck
und einen Teller mit Gebäck.

Die gute Mutter bringt gerade
den Krug mit heißer Schokolade.
Flurina, Ursli und der Vater,
der Onkel Gian, sogar der Kater,
spielen zum Tanz mit frohen Mienen,
und freuen herzlich sich mit ihnen.
Und erst beim hellen Mondenschein
ziehn alle mit den Schlitten heim.
& Der Winter ist schon lang vorüber,
die Schlitten sind im Gaden wieder.
Die Vöglein kommen übers Meer
und fliegen ratlos hin und her.

Verstümmelt ist ihr guter Hort,
nun sitzen alle traurig dort.
Doch all die Blümlein unter ihm
sind wieder da und blühn und blühn . . .
Flurina denkt an ihr Versprechen:
's ist Zeit, ein Bäumchen auszustechen.
Der Ursli hilft ihr mit dem Spaten,
so muß der junge Baum geraten.

Die Heiligen drei Könige

Da Jesus geboren wurde zu Bethlehem im jüdischen Lande, zur Zeit des Königs Herodes, siehe, da kamen die Weisen vom Morgenland gen Jerusalem, und sprachen: „Wo ist der neugeborene König der Juden? Wir haben seinen Stern gesehen im Morgenland, und sind gekommen, ihn anzubeten."
Da das der König Herodes hörte, erschrak er und mit ihm das ganze Land Jerusalem; und ließ versammeln alle Hohepriester und Schriftgelehrten unter dem Volk und erforschte von ihnen, wo Christus sollte geboren werden.
Und sie sagten ihm: „Zu Bethlehem im jüdischen Lande."
Da rief Herodes die Weisen heimlich zu sich und fragte sie, wann der Stern erschienen wäre, und wies sie gen Bethlehem und sprach: „Ziehet hin und suchet das Kindlein, und wenn ihrs findet, so sagt es mir wieder, daß ich auch komme und es anbete."
Als sie nun den König gehört hatten, zogen sie hin. Und siehe, der Stern, den sie im Morgenland gesehen hatten, ging von ihnen hin, bis er über der Stelle stand, da das Kindlein war.

Da sie den Stern sahen, waren sie hoch erfreut und gingen in das Haus und fanden das Kindlein mit Maria, seiner Mutter, und beteten es an und schenkten ihm Gold, Weihrauch und Myrrhe.
Und Gott befahl ihnen im Traum, nicht wieder zu Herodes zu gehen, und sie zogen auf einem anderen Weg wieder in ihr Land.
Als sie aber hinweggezogen waren, siehe, da erschien der Engel des Herrn dem Joseph im Traum und sprach:
„Steh auf und nimm das Kindlein und seine Mutter zu dir und flieh nach Ägyptenland und bleib dort, bis ich es dir sage; denn Herodes sucht das Kindlein, um es umzubringen."
Da stand er auf und nahm das Kindlein und seine Mutter zu sich bei der Nacht und floh nach Ägyptenland und blieb da bis nach dem Tod des Herodes, auf daß erfüllet würde, was der Herr durch den Propheten gesagt hat, der da spricht: „Aus Ägypten habe ich meinen Sohn gerufen!"

Babuschka
und die drei Könige

Vor vielen, vielen vielen Jahren, da stand einmal ein kleines Haus ganz allein zwischen den Wiesen und Feldern.
Dort wohnte die alte Babuschka.
Im Sommer sangen die Vöglein im Apfelbaum, aber im Winter war alles still.
Auf den Wiesen und Feldern lag der Schnee.

An einem Wintertag fegte und putzte Babuschka wieder einmal ihr kleines Haus. Weil sie allein war und viel Zeit hatte, fegte und putzte sie oft so lange, bis es allmählich dunkel wurde.
Plötzlich blieb Babuschka mitten in der Stube stehen. Durch Schnee und Wind hatte sie deutlich die Stimmen von Menschen gehört.
Es mußten sehr viele sein.
Babuschka hörte sie näher kommen.

Als Babuschka aus dem Fenster sah, wollte sie kaum ihren Augen trauen. Da kamen zuerst drei weiße Pferde, die einen prächtig geschmückten Schlitten zogen. Drei Männer saßen in dem Schlitten. Sie waren bunt und fremdländisch angezogen.
Jeder von ihnen trug eine schwere Krone, mit Edelsteinen reich verziert. Dann kamen noch viele Männer zu Pferd oder zu Fuß, es war eine lange Reihe, und die ersten standen schon vor Babuschkas kleinem Haus.
Als es an der Tür klopfte, hätte Babuschka sich gern versteckt. Sie fürchtete sich und wartete lange. Dann aber zog sie den Riegel zurück und trat vor das Haus. Waren es Könige, die vor der Tür standen?

Aber da lächelte einer der drei Fremden und sagte freundlich: „Fürchte dich nicht. Wir sind einem hellen Stern gefolgt und suchen den Ort, wo ein Kind geboren wurde, das uns allen Freude und Erlösung bringt. Willst du nicht mitgehen, Babuschka? Wir haben den Weg verloren im tiefen Schnee. Hilf uns den Weg wiederfinden, damit wir dem Kind unsere Gaben bringen!“

Der kurze Wintertag ging schon dem Ende zu. Babuschka sah in das Schneegestöber hinaus. „Kommt in die Stube und wärmt euch! Ich mache erst noch die Arbeit im Haus fertig. Morgen werde ich gewiß mit euch gehen.“ Doch die drei Könige wandten sich ab. „Wenn du nicht mitkommen kannst, Babuschka, wir müssen gleich wieder aufbrechen. Für uns gibt es keinen Aufenthalt.“

Babuschka sah ihnen lange nach. Mit allen, die bei ihnen waren, zogen sie wieder durch Wind und Schnee über das weite Land.
Babuschka war in ihr Haus zurückgekehrt und hatte die letzten Ecken sauber gemacht. Noch lange aber saß sie am Tisch und dachte daran, was die drei Könige ihr von dem neugeborenen Kind erzählt hatten: daß es allen Menschen Freude und Erlösung bringen werde.

„Wenn ich doch mitgegangen wäre", dachte Babuschka, „ich hätte das auserwählte Kind mit eigenen Augen gesehen." Und sie bereute nun, daß sie zurückgeblieben war. Auch als sie sich zum Schlafen niederlegte, fand Babuschka keine Ruhe. Sie konnte den Morgen kaum erwarten. Tief im Herzen hatte sie nur noch den einen Wunsch, das Kind zu finden und ihm Geschenke darzubringen, wie es die Könige tun wollten.

Schon in der ersten Tagesfrühe machte sich Babuschka auf den Weg. Sie trug in der Reisetasche die wenigen kleinen Geschenke, die sie in ihrer Hütte gefunden hatte. Auch wenn sie nicht kostbar waren, so hoffte Babuschka doch, daß sich das Kind darüber freuen würde.
Sie trat aus dem Haus und suchte die Spuren im Schnee, die ihr den Weg der Könige zeigen sollten, aber der Wind hatte die Spuren längst verweht.
So ging sie allein und ohne Hilfe in das verschneite Land hinein, klopfte an viele Türen und fragte: „Sind drei Könige hier vorbeigekommen? Kennt ihr das auserwählte Kind und wißt ihr, wo es geboren wurde?" Aber nicht einer von allen konnte ihr Antwort geben.
Fremde Kinder spielten im Schnee. Babuschka sah ihnen gerne zu. Seit sie hinausgegangen war, um das eine Kind zu suchen, hatte sie alle Kinder liebgewonnen. Aber nicht lange durfte sie stehenbleiben.

Babuschka wanderte weiter.
Schritt für Schritt, den Stock in der Hand, wanderte sie von Dorf zu Dorf. Freundlich wurde sie aufgenommen, aber vergeblich fragte sie überall:
„Wißt ihr den Weg zu dem auserwählten Kind?“
Und weiter stapfte die alte Babuschka über das schneebedeckte Land. Die Wege sind weit in diesem Land, und niemand weiß, ob sie das Kind gefunden hat.

Aber die Leute erzählen, daß bis auf den heutigen Tag, wenn es Winter geworden ist, eine alte Frau durch die Straßen und Gassen geht.
Sie schaut in die Stuben hinein, und manchmal finden die Kinder am anderen Tag ein kleines Geschenk auf der Fensterbank, nur eine Zuckerstange oder ein einfaches Spielzeug.

Die gute alte Babuschka ist in der Dunkelheit an ihrem Haus vorbeigekommen.

Die Sternsinger

Am Dreikönigstag kommen die Sternsinger. Die drei Könige aus dem Morgenland folgen dem Stern von Bethlehem. Es sind Kinder, die sich verkleidet haben, mit langen Wattebärten und golden bemalten Blechkronen. Einer, König Balthasar, hat sich mit Schuhwichse das Gesicht schwarz gemacht. Sie frieren, wenn sie im Schnee vor den Häusern singen. Aber sie warten geduldig auf die kleinen Geschenke der Leute, die ihren Liedern lauschen:

Wir treten herein ohne allen Spott,
ein schön guten Abend, den geb uns Gott.
Ein schön guten Abend, eine fröhliche Zeit,
die uns der Herr Christus hat bereit.
Wir kommen hierher von Gott gesandt,
mit diesem Stern aus Morgenland.
Wir zogen daher in schneller Eil,
in dreißig Tagen vierhundert Meil.
Da kommen die drei König mit ihrem Stern.
Sie krachen die Nüsse und essen den Kern.
Sie werfen die Schalen zum Fenster naus,
da kommen die Hühnlein und picken sie auf.

Pasteten im Schnee

In einem kleinen alten Bauernhaus weit draußen auf dem Land leben eine kleine alte Frau und ein kleiner alter Mann ganz allein mit vielen Hühnern und Küken. Es schneit und schneit, und der Wind heult. Da sagt die kleine alte Frau: „Es ist schrecklich einsam hier, immer nur mit dir und den Hühnerchen. Ich würde so gern Leute einladen, viele Leute, und ein Fest geben."
„Frau, sei doch gescheit", sagte der kleine alte Mann. „Selbst wenn wir Leute kennen würden, und selbst wenn sie durch Wind und Schnee herkämen, wir haben kein Krüstchen und kein Krümchen Kuchen im Haus."

Draußen schneit und schneit es, und der Wind heult. Drinnen macht die kleine alte Frau alle Lichter an, damit es im Haus nicht so einsam aussieht und sie stellt das Radio an, damit es im Haus nicht so still ist.
Plötzlich bläst der Wind schärfer und schärfer. Er bläst die elektrischen Leitungen herunter, das Radio geht aus, alle Lichter gehen aus, und es wird dunkel in dem kleinen Haus.
Da zündet die kleine alte Frau Kerzen an und stellt sie auf den Tisch.
Der Tisch sieht aus wie ein großer Geburtstagskuchen. „Ich wünschte, es wäre ein Kuchen", sagte die kleine

alte Frau. „Ich wünschte, der Tisch wäre ein großer Kuchen und wir hätten eine Gesellschaft.“ „Hör auf, Frau“, sagt der kleine alte Mann. „Von Wünschen wird man nicht satt, und von Wünschen hört der Wind nicht auf zu blasen und der Schnee nicht zu schneien.“ Dann zieht er seine Gummistiefel an und seine Ohrenschützer und seine Fäustlinge.
„Wo gehst du hin bei diesem Schnee und Wind?“ fragte die kleine alte Frau.
„Wir haben dreihundert Küken im Stall. Die hole ich jetzt ins Haus, damit sie's warm haben. Dreihundert piepsende Küken werden dir wohl Gesellschaft genug sein.“
„Die Küken“, sagt die kleine alte Frau.
„Ja, hol die Küken. Aber Gesellschaft, nein, Gesellschaft ist das nicht.“
Und der kleine alte Mann geht zur Hintertür hinaus in den Stall durch den Schnee und den Wind. Horch!
Da klopft es an der Vordertür — poch-poch!
Die kleine alte Frau öffnet die Tür.
Da treibt ein Windstoß einen Wirbel von Schnee in die Stube, und draußen steht ein Mann, der sagt: „Mein Wagen ist im Schnee steckengeblieben. Ich hab eine Menge Leute drin. Dürfen wir hereinkommen zu Euch, gute Frau, und uns wärmen, bis der Schneeflug kommt und den Weg räumt?“ „Kommt nur, kommt!“ sagt die kleine alte Frau.
„Holt die Leute aus dem Wagen und herzlich willkommen.“ Und sie schaufelt Schnee in einen Topf und setzt ihn auf den Herd, um Tee zu machen.

Der Mann geht zu seinem Wagen und kommt zurück mit seiner Frau, seiner Mutter und seinen drei Brüdern. Und seine Frau hält einen winzigen Säugling auf dem Arm. Der kleine alte Mann bringt gerade einen Korb voll piepsender Küken herein.

und da steht ein Mann im Schnee und im Wind mit seiner Frau und ihren Zwillingssöhnen und noch ein anderer Mann mit einem großen Jagdhund. Ihr Wagen ist auch im Schnee steckengeblieben, und sie müssen auf den Schneepflug warten.

Er sagt: „Willkommen, willkommen, macht's Euch bequem. Meine kleine alte Frau hat sich schon so nach Gesellschaft gesehnt."
Dann nimmt er eine Kiste und geht wieder zur Hintertür hinaus, um noch mehr Küken zu holen.
Da klopft es an der Haustür — poch-poch!
Die kleine alte Frau läuft zur Tür,

„Kommt herein", sagt die kleine alte Frau, „und willkommen. Es ist genug heißer Tee da. Nur zu essen haben wir nichts; kein Krümchen Kuchen und kein Krüstchen Brot." Als der kleine alte Mann zurückkommt mit der Kiste voll piepsender Küken, sind schon elf Erwachsene, ein Säugling, zwei kleine Buben und ein großer Jagdhund im Haus.

„Willkommen, willkommen“, sagt der kleine alte Mann. „Meine kleine alte Frau hat sich so nach Gesellschaft gesehnt.“ Und dann geht er noch einmal hinaus, um die übrigen Küken zu holen. Da klopft schon wieder jemand an die

Die kleine alte Frau läuft zur Tür, und der kleine alte Mann läuft hinterdrein. Da steht ein einziger Mann vor der Tür im Wind und im Schnee. Er sagt: „Es schneit und schneit, und der Wind pfeift, und mein Bus ist im Schnee

Haustür. Der kleine alte Mann kommt mit einer Kiste voll piepsender Küken durch die Hintertür, und er zählt 27 Erwachsene, 5 Kinder, 2 Säuglinge, 3 Hunde und einen Papagei. „Willkommen, willkommen“, sagt der kleine alte Mann. „Meine kleine alte Frau freut sich, daß Gäste da sind.“
Es klopft an die Haustür — poch-poch!

steckengeblieben. Darf ich bei Euch warten, bis der Schneepflug kommt?“
„Herein, herein, sagt die kleine alte Frau, „und willkommen!“
Der Autobusfahrer geht zu seinem Bus und kommt zurück mit 42 Erwachsenen, 7 Kindern, 3 Säuglingen, 2 Hunden, einem Kanarienvogel und einem kleinen zahmen Stinktier.

„Willkommen“, sagt der kleine alte Mann. „Gut, daß Ihr da seid. Meine kleine alte Frau hat sich schon so nach Gesellschaft gesehnt.“ „Da — schon wieder!“
Vor der Haustür steht der Mann mit dem Schneepflug. „Mein Schneepflug ist im Schnee steckengeblieben“, sagt er.
Und dann kommt er ins Haus, um auf die anderen Schneepflüge zu warten.
Die ganze Nacht hindurch kommen Leute und klopfen an die Tür. Jetzt sind es zusammen 84 Erwachsene, 17 Kinder, 7 Säuglinge, 6 Hunde, eine Katze, ein Papagei, ein Kanarienvogel und ein kleines zahmes Stinktier.
Draußen schneit und schneit es und der Wind heult. „Es ist ein Jammer“, sagt die kleine alte Frau. „Wirklich ein Jammer. So viele Leute und kein Fest. Wenn nur ein Krüstchen Brot oder ein Krümchen Kuchen im Haus wäre, oder ein bißchen Musik.“ Da horch! Es klopft.

Die kleine alte Frau läuft ganz schnell zur Tür. Da steht der Mann von der Bäckerei. Sein Lieferwagen ist im Schnee steckengeblieben, gerade vor ihrer Tür. „Nur herein“, sagt die kleine alte Frau, „und willkommen.“ Der Mann tritt in die Stube, schaut rundherum in all die vielen Gesichter, und dann sagt er: „Ihr seht ja alle mächtig hungrig aus.“

Und die kleine alte Frau sagt: „Es ist kein Krüstchen und kein Krümchen zu essen im Haus, aber wenn Ihr trotzdem hereinkommen und Euch wärmen wollt, so seid Ihr willkommen.“
Da sagt der Mann: „Wer hilft mir, meinen Lieferwagen ausladen?“ Und dann nimmt er ein paar Kinder mit und ein paar von den großen Männern. Das ist ein richtiger Festzug! Zuerst kommen die Tabletts mit den Brötchen. Rösche, knusprige Brötchen, braun und glänzend; zarte Milchbrötchen, weiß überpudert; Mohnbrötchen, Eierwecken, kleine Brötchen, wie Zöpfe geflochten. Dann kommt ein ganzer Zug mit Pasteten. Zitronenpasteten, Kirschpasteten, Apfelpasteten, Kokoskrempasteten,

Schokoladenpasteten. Dann kommen die Napfkuchen mit rosa Zuckerguß, weißem Zuckerguß, dickem Schokoladenguß.
Die kleine alte Frau klatscht in die Hände. „Ein Fest", sagt sie, „das wird ein richtiges Fest."
Ein junger Mann macht Hüte aus Zeitungspapier, und dann schmausen alle nach Herzenslust.
Dann holt der Ziehharmonikaspieler seine Ziehharmonika und spielt so lustig, daß keiner stillsitzen kann.
Alle stampfen mit den Füßen zur Musik. Sogar die Säuglinge drehen ihre kleinen Patschhände im Takt. Jetzt spielt der Musikant einen Walzer, und der kleine alte Mann faßt seine kleine alte Frau um die Taille und walzt mit ihr dahin, bis beide ganz atemlos sind (was gar nicht lange dauert), und alle klatschen in die Hände und fangen auch zu tanzen an. Der Ziehharmonikaspieler spielt und spielt. Es ist ein Fest, ein richtiges Fest mit Schmausen, Tanzen und Scherzen.

Das Fest dauert bis zum Mittag. Da hört
es auf zu schneien und zu stürmen,
und der Schneepflug kommt und räumt
den Weg. Alle sagen Lebewohl zu der
kleinen alten Frau und zu dem kleinen
alten Mann, und sie sagen, daß es das
schönste Fest ihres Lebens war.
Die kleine alte Frau ist zufrieden
und glücklich; sie ist müde und schläfrig.
Sie legt ihren Kopf auf den Tisch
und schläft fest ein . . .
und träumt das ganze Fest noch einmal.

Gedichte zur Weihnacht

So ward der Herr Jesus geboren
im Stall bei der kalten Nacht.
Die Armen, die haben gefroren,
den Reichen wars warm gemacht.

Sein Vater ist Schreiner gewesen.
Die Mutter war eine Magd.
Sie haben kein Geld nicht besessen,
die haben sich wohl geplagt.

Kein Wirt hat ins Haus sie genommen.
Sie waren von Herzen froh,
daß sie noch in den Stall sind gekommen.
Sie legten das Kind auf Stroh.

Die Engel, die haben gesungen,
daß wohl ein Wunder geschehn.
Da kamen die Hirten gesprungen
und haben es angesehn.

Die Hirten, die will es erbarmen,
wie elend das Kindlein sei.
Es ist eine Geschicht für die Armen,
Kein Reicher war nicht dabei.

Ludwig Thoma

Ein Tännlein aus dem Walde,
und sei es noch so klein,
mit seinen grünen Zweigen
soll unsre Freude sein.

Es stand in Schnee und Eise
in klarer Winterluft,
Nun bringts in unsre Stuben
den frischen Waldesduft.

Wir wollen schön es schmücken
mit Stern und Flittergold,
mit Äpfeln und mit Nüssen
und Lichtlein wunderhold.

Und sinkt die Weihnacht nieder,
dann gibts den lichten Schein,
das leuchtet Alt und Jungen
ins Herz hinein.

Albert Sergel

Im Winter geht die Sonn
Erst mittags auf die Straße
Und friert in höchstem Maße
Und macht sich schnell davon.

Ein Rabe stelzt im Schnee
Mit graugeschneitem Rücken,
In seinen Fußabdrücken
Sieht man jeden Zeh.

Der Winter ist voll Grimm.
Doch wenn die Mutter Geld hat
Und viele Briketts bestellt hat,
Dann ist er nicht so schlimm.

Peter Hacks

Der Abend im Gehölz einzieht.
Da singen alle möglichen
Bunt flatternden Waldvögelchen
Ein schönes Weihnachtslied.
Und der Specht
Ist der Trommelknecht:
Im Himmel stecken Sternelein,
Im Tannenzapfen Kernelein,
Die Welt ist so lieblich, so pieplich
Zur Weihnachtszeit,
Tirili.

Die Dohle kommt aus ihrem Nest,
Der Dompfaff und der Kernebeißer.
In Afrika, da lebt man heißer,
Doch ohne Weihnachtsfest.
Und der Specht
Trommelt gar nicht schlecht:
Im Himmel stecken Sternelein,
Im Tannenzapfen Kernelein,
Die Welt ist so lieblich, so pieplich
Zur Weihnachtszeit,
Tirili.

Peter Hacks

Habt nun Dank für eure Gaben,
die wir gern genommen haben.
Jeder wünscht uns, wie er soll,
daß sie uns bekommen wohl.

Lebet wohl heut! Übers Jahr,
so Gott will, seht ihr uns zwar,
aber nicht so klein wie heute,
denn aus Kindern werden Leute.

Quellennachweis

Der Nachdruck folgender Beiträge erfolgte mit freundlicher Genehmigung der Verlage, denen wir an dieser Stelle danken möchten.

Der Bär im Busch. Erstveröffentlichung aus Ruth Craft / Erik Blegvad, The Winter Bear; Collins, London

Petunias Weihnachtsfest. Aus Roger Duvoisin, Petunias Weihnachtsfest; Alfred A. Knopf Inc., New York

Der Tannenbaum. Aus Betty Smith, Ein Baum wächst in Brooklyn; Gebr. Weiß Verlag, Berlin

Die Zottelschnur. Gekürzte Fassung von Alois Carigiet / Selina Chönz, Der große Schnee; Orell Füssli Verlag, Zürich

Babuschka und die drei Könige. Eine russische Weihnachtslegende. Erzählt von Paul Schaaf; Middelhauve Verlag, Köln

Die Sternsinger. Aus György Lehoczky, Der Wunderbaum; Annette Betz Verlag GmbH, München

Pasteten im Schnee. Gekürzte Fassung von Reiner Zimnik / Beatrice Schenk de Reginiers, Pasteten im Schnee; Diogenes Verlag, Zürich

Gedichte zur Weihnacht: Der Winter und Vogelweihnacht. Aus Peter Hacks, Der Flohmarkt; Der Kinderbuchverlag Berlin

Inhalt